PAIDEIA
ÉDUCATION

MIXTE
Papier issu de sources responsables
Paper from responsible sources
FSC® C105338

BEAUMARCHAIS

Le Barbier de Séville

Analyse littéraire

© Paideia éducation.

1 rue Honoré - 93500 Pantin.

ISBN 978-2-7593-1612-0

Dépôt légal : Janvier 2023

Impression Books on Demand GmbH

In de Tarpen 42

22848 Norderstedt, Allemagne

SOMMAIRE

- Biographie de Beaumarchais 9

- Présentation du *Barbier de Séville* 15

- Résumé de la pièce 19

- Les raisons du succès 37

- Les thèmes principaux 41

- Étude du mouvement littéraire 45

- Dans la même collection 49

BIOGRAPHIE DE BEAUMARCHAIS

Pierre-Augustin Caron naît le 24 Janvier 1732 à Paris. Fils du maître horloger André-Charles Caron, il est dès l'enfance baigné dans l'univers des montres, perçues au XVIIIe siècle comme de véritables objets d'art. Il côtoie ainsi dès son plus jeune âge, par le biais de l'atelier de son père, des clients riches, prestigieux et pour la plupart proches de la haute culture. Il fréquente pendant quelques années l'école des métiers d'Alfort mais ses études sont relativement courtes puisqu'il réintègre l'atelier familial dès 13 ans.

Il apprend l'horlogerie et s'avère être un brillant apprenti puisqu' à seulement 21 ans il se démarque de ses confrères en inventant un nouveau système d'échappement pour les montres. L'invention est stupéfiante pour le monde de l'horlogerie mais Lepaute, horloger du roi, se l'approprie. Le jeune homme se démène alors pour prouver qu'il est maître de son œuvre et va jusqu'à présenter devant l'Académie des sciences un mémoire démontrant clairement les étapes successives de son dispositif. Son invention lui vaut un franc succès et lui ouvre les portes de la Cour. Il confectionne alors pour le roi et pour Madame de Pompadour. Il épouse Madeleine-Catherine Aubertin de dix ans son aînée en 1756.

Il se fait désormais appeler Caron de Beaumarchais, empruntant le nom d'une terre que possède son épouse, et devient un véritable homme de cour. C'est durant cette même année qu'il fait la connaissance de Charles Lenormant d'Étioles, un riche banquier et époux de Madame de Pompadour. Beaumarchais devient maître de harpe de Mesdames de France, les filles de Louis XV, et n'a à cette époque que 27 ans. Il enseigne la musique mais très souvent il reçoit les critiques des privilégiés qui lui rappellent qu'il n'est que le fils d'un horloger. Cependant, Beaumarchais ne cède pas au découragement et réplique : « J'avoue que rien ne peut me laver du juste reproche [...] d'être le fils de mon père. Mais je connais trop bien le prix du temps, qu'il m'apprit à mesurer, pour le perdre à relever de pareilles fadaises. »

Il fait également son entrée dans le monde de la haute finance. Dès 1760, il devient l'un des fournisseurs d'un « théâtre de société » appartenant à Lenormant d'Étioles, il compose des parades et dès lors, on constate ses qualités d'écriture. Il écrit en une langue pseudo-populaire *Léandre marchand d'agnus*, *Les Bottes de Sept lieues* ou encore *Jean-Bête à la foire*. Parallèlement, il rencontre le financier Duverney avec lequel il entretient des relations amicales et commerciales. Ce dernier aide Beaumarchais à acheter en 1761 la charge anoblissante de secrétaire du Roi. Le jeune homme se tourne ensuite vers l'achat de la charge de lieutenant général des chasses. Tout porte à croire, que Beaumarchais vivait bien, du moins matériellement.

En 1764, il part pour l'Espagne comme mandataire de Duverney. Dès son retour, il romance ce qu'il nomme « le voyage d'Espagne ». En s'inspirant de son voyage et des idées de Diderot sur le drame bourgeois, il écrit *Eugénie* puis *Les Deux Amis* en 1770, mais les deux pièces se soldent par un échec pour l'écrivain.

C'est en 1773 que Beaumarchais propose *Le Barbier de Séville* à la Comédie-Française, un opéra comique qui souffre toutefois des affaires judiciaires de l'écrivain et notamment de l'affaire Goëzman. Beaumarchais entretient en effet des relations conflictuelles avec le Duc de Chaulnes dont il a pris la maîtresse. Le Duc corrompt le juge Goëzman et ce dernier n'hésite pas à s'arranger pour faire emprisonner l'écrivain. Alors que la pièce était prévue pour le carnaval de 1773, la première représentation est datée du 23 février 1775 et c'est d'abord un échec. Mais Beaumarchais persiste et s'acharne à faire de cette pièce un chef-d'œuvre reconnu. La pièce, à l'origine composée de cinq actes, est ramenée à quatre actes.

Un personnage est né, annonçant une véritable trilogie; drôle, attachant, s'indignant contre le despotisme de l'homme et empruntant certains traits de caractère à Beaumarchais, Figaro annonce le succès.

Parallèlement à sa carrière d'homme de lettres, Beaumarchais est pendant un certain temps agent secret du Roi et négocie toutes sortes de contrats.

Le personnage de Figaro refait surface dans *Le Mariage de Figaro*, une pièce truffée d'allusions satiriques à la réalité française, dans laquelle l'auteur s'attaque à une foule d'abus, mais la pièce rencontre l'hostilité du roi Louis XVI et de plusieurs censeurs. *Le Mariage de Figaro* est reçu à la Comédie Française le 27 avril 1784 et connaît un succès triomphal : la pièce est jouée 77 fois dans la même année. Beaumarchais parle des « lions et tigres » auxquels il a dû faire face pour faire tourner la pièce, le roi se sentant visé dans les mots de l'écrivain. Beaumarchais est enfermé à la prison Saint-Lazare et demande un procès. Sous la protection de Marie-Antoinette et du comte d'Artois, Beaumarchais est libéré au bout de cinq jours.

Si la pièce s'avère être un succès et fait l'objet de multiples contrefaçons, sa représentation connaît bien des difficultés et *La Folle journée*, comme elle est aussi appelée, est interdite en 1783. Elle apparaît comme une pièce révolutionnaire où les délices de l'adultère et les protestations sociales sont clairement revendiqués. À partir de là, Beaumarchais se forge une véritable réputation littéraire.

Il écrit *La Mère coupable*, drame et dernier volet de la trilogie de Figaro en 1790. La pièce est jouée au théâtre du Marais en 1792. Mais peu de temps après, Beaumarchais rencontre des difficultés personnelles et professionnelles (il connaît la ruine, l'exil et la prison). Il continue à écrire des Mémoires qui connaissent un vif succès à travers toute l'Europe. Il meurt le

18 mai 1799, laissant derrière lui une trilogie (*Le Barbier de Séville*, *Le Mariage de Figaro*, *La Mère Coupable*) inimitable et révolutionnaire de par sa virtuosité littéraire et son originalité.

PRÉSENTATION DU BARBIER DE SÉVILLE

Le Barbier de Séville apparaît comme le premier grand succès de Beaumarchais, mettant en évidence dans une ambiance musicale et joviale des qualités d'écritures indéniables sur des sujets de réflexions divers. La pièce connaît un destin mouvementé, la réalisation du *Barbier de Séville* ne s'est en effet pas faite sans heurts ni difficultés.

Beaumarchais s'inspire principalement des œuvres de Molière et notamment de *L'École des Femmes* : on constate en effet une intrigue semblable à celle présentée dans *Le Barbier de Séville*. Le fond est commun : un vieillard tient sa pupille prisonnière et ambitionne de l'épouser, les personnages se ressemblent étrangement (Agnès-Rosine, Arnolphe-Bartholo) et le dénouement est joyeux, les deux amants se mariant enfin, marquant la défaite de la vieillesse perverse et malhonnête. Mais l'écrivain puise aussi et surtout dans sa propre vie, dans ses aventures passées, ses échecs, ses espoirs et ses démêlés avec la justice. Jongleur du verbe, éternel philosophe avec un véritable fond de gaieté, on s'accorde à penser que Figaro emprunte bel et bien certains traits de caractère à Beaumarchais.

La pièce est d'abord présentée sous la forme d'un opéra-comique en 1772 aux Comédiens Italiens mais elle est refusée. Elle est ensuite réécrite en comédie : la pièce est cette fois-ci accepté par les Comédiens Français en 1773 bien qu'elle soit encore en grande partie à tonalité musicale. Les mésaventures judiciaires de l'écrivain empêchent la mise en scène de la pièce *Les Mémoires* de Beaumarchais, mémoires dans lesquelles il fait part au grand public des attaques personnelles Dont il a souffert. Les exposés juridiques contre le juge Goëzman créent l'impatience des auditeurs. La pièce est interdite la veille de la date prévue. La Première se déroule finalement le 23 février 1775, mais alors qu'elle était impatiemment attendue, l'écrivain essuie un premier échec principalement du à la mauvaise idée d'étirer la pièce en cinq actes en y ajoutant de lourdes scènes de farces. Après quelques ajustements et un retour quasi total sur la version originale, l'écrivain présente sa pièce sous des traits nouveaux le 26 février et c'est un triomphe.

L'intrigue de la pièce est plus ou moins simple : Bartholo, vieillard aigri et tuteur de la belle Rosine, tient la jeune femme prisonnière dans sa demeure. Orpheline, considérée comme mineure par Bartholo, et sans droit de prétendre à quoi que ce soit, la jeune femme se laisse dicter sa vie. Le vieillard a l'intention de l'épouser et n'en déplaise à Rosine. Mais le Comte Almaviva, qui s'est déplacé depuis Madrid pour retrouver une beauté qu'il dit avoir aperçu et pour laquelle il n'a de cesse d'adresser ses pensées, est sur le point de perturber le dessein du vieux tuteur. En effet, épaulé par son ancien valet Figaro, Le Comte échafaude moult subterfuges pour parvenir à se rapprocher de la jeune femme et tenter de la séduire. Objectif accompli, Rosine tombe amoureuse... mais les deux jeunes premiers se heurtent au tyran Bartholo et à son complice Bazile qui en échange d'une bourse d'argent promettent d'aider le vieux tuteur dans la réalisation d'un mariage précipité. Mais l'amour finit par triompher, le notaire marie de justesse les deux jeunes amants avant l'arrivée de Bartholo. La persistance et les vices de la vieillesse sont rendus ridicules et écœurants par le biais du personnage de Bartholo. L'amour véritable est au cœur de la pièce, un amour consenti qui tout comme dans *L'École des Femmes* qui questionne le poids du choix de la femme concernant son propre mariage. Par ailleurs, les thèmes de la justice et des abus sont évoqués mais la pièce se caractérise surtout par cette gaieté entraînante qui provoque presque une joie instantanée chez le lecteur.

RÉSUMÉ DE LA PIÈCE

Acte I

L'action se déroule plein cœur d'une rue de Séville.

Scène 1 (Le Comte)

La première scène s'ouvre sur un court monologue du Comte Almaviva, qui seul fait les cent pas sous la fenêtre de la belle Rosine pour qui son cœur palpite. Venu tout droit de Madrid, où la cour est pourtant pleine de belles femmes et sujette aux aventures, il est conscient de sa passion pour Rosine que certains prendraient pour de la folie mais il s'en défend, il répond lui même à des questions rhétoriques en justifiant sa passion amoureuse par une quête légitime vers le bonheur : « Il me prendrait pour un Espagnol du temps d'Isabelle. Pourquoi non ? Chacun court après le bonheur. Il est pour moi dans le cœur de Rosine. » Bien las des conquêtes faciles où l'amour n'est que superficiel, il semble vouloir être aimé pour sa personne propre et non pour son statut. C'est alors déguisé en étudiant, drapé d'un grand manteau brun et portant un chapeau rabattu, qu'il guette l'arrivée de Rosine avec pour projet de la séduire.

Scène 2 (Figaro, Le Comte caché)

Le Comte, caché, voit alors apparaître un homme qui n'est autre que Figaro, son ancien valet à Madrid mais qu'il ne reconnaît que par la suite : « Ce coquin de Figaro. » Portant une guitare sur le dos et muni d'un crayon et d'un papier, celui-ci tente tant bien que mal de composer une chanson joyeuse faisant l'éloge de l'ivresse et de la paresse. Les deux hommes se reconnaissent rapidement. Alors que le comte Almaviva, masqué sous le nom de Lindor, converse tout en gardant un œil sur la rue de peur de manquer l'arrivée de Rosine, Figaro raconte son parcours depuis Madrid à Séville, ses aventures pittoresques. Il en profite surtout pour critiquer l'exploitation des domestiques par les seigneurs ainsi que la prétention et les privilèges Dont jouissent injustement les gens de Lettres. Il relate ses voyages, son séjour en prison et les critiques hautaines et injustifiées qu'il a du supporter. Mais si d'entrée de jeu, Figaro impose une réflexion sur les injustices sociales qui règnent au sein de la société madrilène et plus généralement espagnole, elle passe cependant par les traits de l'humour et de la gaieté. Le personnage, loin de s'apitoyer sur son sort, fait part d'une grande philosophie Dont le Comte s'étonne. À la vue de Rosine, les deux hommes se cachent.

Scène 3 (Bartholo, Rosine)

Rosine, accompagnée de Bartholo, son tuteur, s'installe au balcon. Les deux personnages semblent avoir une vision du siècle complètement opposée : Rosine, qui tient entre ses mains un papier sur lequel est noté des couplets de *La Précaution inutile*, une comédie nouvelle, apparaît comme en accord avec son temps contrairement à Bartholo qui, aigri, y voit défiler une série de sottises et d'idées révolutionnaires insensées telles que la liberté de penser ou le tolérantisme. Rosine laisse s'échapper de ses mains le papier. Pendant que le vieillard descend pour le récupérer, Rosine fait signe au comte qui le ramasse. Bartholo se doute d'une supercherie : il regagne l'appartement et décide de fermer la fenêtre.

Scène 4 (Le Comte, Figaro)

Le Comte et Figaro sortent enfin de leur cachette. Le Comte Almaviva découvre alors qu'il s'agit d'un billet, un message dans lequel Rosine demande à connaître l'identité de l'homme qui s'est épris d'elle. Figaro comprend ainsi la raison de la présence de son ancien maître à Séville : il promet non seulement d'en garder fidèlement le secret mais entreprend également d'aider son ancien maître dans son dessein. Il l'informe tout d'abord du mensonge Dont il a ouï-dire : en effet, loin d'être déjà mariée au vieillard Bartholo comme le prétendent les rumeurs entendues par le Comte, Rosine s'avère n'être que sa pupille et non sa femme. La nouvelle submerge le comte Almaviva de joie et d'espoir, mais il se sait toutefois menacé par le vieillard fou amoureux de la jeune femme qu'il cherche à épouser. Figaro, locataire et barbier de Bartholo, met au point un plan pour rapprocher le comte de la belle Rosine : il lui propose de se déguiser en habit de cavalier et de se faire passer pour un simple soldat ivre, désirant un billet de logement devant le vieillard soupçonneux.

Scène 5 (Le Comte et Figaro cachés, Bartholo)

Bartholo sort de la maison. Il pressent une supercherie et s'indigne de sa propre naïveté. Il s'inquiète par ailleurs du retard de Bazile, l'homme censé organiser secrètement son mariage avec Rosine le lendemain.

Scène 6 (Le Comte, Figaro)

Le Comte ayant entendu les paroles du vieillard n'en revient pas du projet secrètement établi par ce dernier, mais Figaro le rassure en minimisant l'importance de ce prétendu Bazile. Selon lui, il ne s'agirait que d'un besogneux Dont il pourra facilement se débarrasser. Soucieux, le comte Almaviva ne remarque pas la présence de Rosine qui regarde par la fenêtre. Figaro s'empresse de l'en informer, lui confie sa guitare et le pousse à improviser une sérénade. Le comte y délivre ses sentiments tout en se faisant passer pour Lindor, un modeste étudiant, mais la magie opère puisque Rosine est littéralement séduite. Séquestrée, elle lui répond sur le même ton en chantant. Elle cesse cependant après avoir entendu un bruit : il s'agit sans doute de Bartholo. Le comte, plus amoureux que jamais, promet de ne pas faillir à son projet et se destine entièrement à la jeune femme. Figaro rappelle le plan élaboré précédemment puis se rend chez lui.

Acte II

Le théâtre représente l'appartement de Rosine.

Scène 1 (Rosine)

Seule, la jeune femme se met à écrire une lettre dans laquelle elle y déverse ses ressentis éprouvés à la vue de Lindor : « Ah ! Lindor !...»

Scène 2 (Rosine, Figaro)

Figaro surprend la jeune femme en entrant dans l'appartement. Rosine tente désespérément d'obtenir des informations concernant le fameux Lindor. Figaro en fait l'éloge : « Plein d'esprit, de sentiments, de talents, et d'une figure fort revenante. » Il lui fait rapidement comprendre qu'il est fou amoureux et qu'il demande constamment après elle. Émue, Rosine lui remet sa lettre mais elle ne s'attarde pas : le vieux Bartholo est de retour, elle fait passer Donc Figaro par le cabinet pour ne pas qu'il soit surpris par son tuteur.

Scène 3 (Rosine)

Rosine alors seule, s'inquiète pour Figaro : elle craint qu'il ne soit surprit par son tuteur qu'elle compare à un véritable tyran : « Ah ! voilà mon tyran. » Elle prend une broderie et reprend son activité comme si de rien n'était pour éviter tout soupçon.

Scène 4 (Bartholo, Rosine)

En colère, Bartholo s'élance dans la pièce : il se sait dupé par Figaro qui s'est occupé de tous les membres du personnel en semant le trouble dans sa demeure pour pouvoir s'introduire chez lui : « Ce damné barbier qui vient d'écloper toute ma maison, en un tour de main. Il Donne un narcotique à l'Eveillé, un sternutatoire à La Jeunesse; il saigne au pied Marceline...» Bartholo se méfie non seulement de Figaro qu'il soupçonne de vouloir faire la cour à sa pupille mais aussi de celle-ci dont le comportement est plus que douteux : « Et c'est toujours quelqu'un posté là exprès qui ramasse les papiers qu'une femme a l'air de laisser tomber par mégarde. » Rosine s'en offusque : « A l'air, monsieur ? » mais elle finit par avouer la venue de Figaro dans son propre appartement.

Scène 5 (Bartholo)

Bartholo injurie ses valets.

Scène 6 (Bartholo, L'Éveillé)

Bartholo demande à L'Éveillé, un de ses valets des explications concernant la venue de Figaro. Incapable de lui répondre correctement, comme rendu endormi par quelques substances, Bartholo se doute alors d'une manigance et fait venir La Jeunesse, un autre de ses valets.

Scène 7 (Bartholo, L'Éveillé, La Jeunesse)

Bartholo se retrouve face à ses deux valets bien mal en point : « L'un m'éternue au nez, l'autre m'y bâille. » Bartholo pense que les agissements de Figaro ont un rapport direct avec la location que le barbier est censé lui verser : « Le maraud voudrait me payer mes cent écus sans bourse délier. »

Scène 8 (Bartholo, Don Bazile, Figaro caché dans le cabinet)

Don Bazile, informé de l'arrivée du comte Almaviva à Séville, se charge d'annoncer la nouvelle à Bartholo. Il lui apprend également qu'il se fait passer pour un autre en se déguisant chaque jour. En effet, Bartholo a de quoi s'inquiéter : il sait que le comte Almaviva a fait chercher la belle Rosine dans tout Madrid et que son amour pour elle est sans limite. Pris de panique, il demande conseil à Bazile qui lui propose pour plan d'attaque, la Calomnie : « La Calomnie, monsieur ? Vous ne savez guère ce que vous dédaignez; j'ai vu les plus honnêtes gens près d'en être accablés [...] Qui diable y résisterait ? » Bartholo n'a qu'une seule idée en tête : épouser au plus vite sa pupille avant qu'elle n'apprenne l'existence de ce comte, mais pour cela, il doit solliciter l'aide de Bazile qui lui réclame plus d'or. Bartholo lui remet une bourse et le reconduit jusqu'à la porte pour la fermer à clef.

Scène 9 (Figaro)

Figaro a tout entendu. Indigné de la proposition de Bazile, il voit en lui un personnage malhonnête : « C'est un grand maraud que ce Bazile ! heureusement il est encore plus sot. » Il sort du cabinet et projette d'informer le comte Almaviva de l'entreprise des deux complices.

Scène 10 (Rosine, Figaro)

Rosine se précipite dans la pièce. Figaro l'informe des dispositions de Bartholo qui projette de l'épouser demain. Rosine est horrifiée : « Ah ! grands dieux ! » Figaro la rassure puis s'enfuit.

Scène 11 (Bartholo, Rosine)

Bartholo demande des explications à Rosine quant à la venue de Figaro. Elle ment et prétend qu'il est venu lui Donner des nouvelles de Marceline mais le vieillard refuse de la croire. Il se livre à un véritable interrogatoire. Il soupçonne sa pupille d'avoir écrit une lettre : elle s'en défend, mais il constate que ses doigts sont encore tâchés d'encre, que la plume est noire et qu'il manque une feuille. Rosine, contrariée, multiplie les mensonges et son comportement la trahit : « Pour qu'on vous crût, mon enfant, il faudrait ne pas rougir en déguisant coup sur coup la vérité » réplique sèchement Bartholo.

Scène 12 (Le Comte, Bartholo, Rosine)

Le Comte déguisé en soldat feint l'ivresse. Il tente vainement de remettre discrètement une lettre à Rosine. Bartholo orDonne à Rosine de rentrer dans sa chambre.

Scène 13 (Le Comte, Bartholo)

Bartholo tente de prendre connaissance du contenu de la lettre mais le Comte ne cède pas. Le Comte prend alors un malin plaisir à provoquer le vieux médecin en alternant les exclamations moqueuses : « Ah, fi ! que c'est mal parler ! Savez-vous lire, docteur... Barbe à l'eau ? » et les chansonnettes.

Scène 14 (Rosine, Le Comte, Bartholo)

En entendant le vacarme provoqué par les railleries, Rosine accoure. Le Comte cache la lettre et tend à Bartholo un billet de logement. Le vieillard n'y voit que du feu mais, agacé par les remarques incessantes du soldat, il dit refuser les gens de guerre. Le comte demande à voir son brevet d'exemption. Alors que Bartholo se rend dans le bureau pour le chercher, le soldat s'ouvre à Rosine : «Ah ! ma belle Rosine !». Cette dernière le reconnaît. Le Comte tente alors de faire diversion pour qu'elle puisse enfin récupérer sa lettre. Bartholo s'en aperçoit («Ah ! Ah !»). Il s'abaisse pour la prendre mais Le Comte l'en empêche et affirme qu'elle est tombée de la poche même de Rosine et qu'elle lui revient Donc. Le Comte sort.

Scène 15 (Bartholo, Rosine)

Bartholo, certain que la lettre ne provient pas de la poche de Rosine mais de celle du Comte, n'a d'obsession que de la lire : « Mais n'es-tu pas un peu curieuse de lire avec moi le papier qu'il t'a remis ? » Rosine tente de résister, elle dit se sentir injuriée par tant de méfiance : « Si c'est jalousie, elle m'insulte ; s'il s'agit de l'abus d'une autorité usurpée, j'en suis plus révoltée encore.» Bartholo menace de l'enfermer. Elle se charge de remplacer la lettre de Lindor par celle de son cousin officier. Elle feint un malaise, et le tuteur tombe immédiatement dans le piège, il lit la lettre et reconnaît ses torts. À genoux, il demande pardon : « Pardon ; j'ai bientôt senti tous mes torts, et tu me vois à tes pieds, prêt à les réparer». Elle accepte la paix mais très vite elle regrette d'avoir céder puisque Lindor dans sa lettre lui recommandait de tenir une querelle ouverte avec le vieillard.

Acte III

Scène 1 (Bartholo)

Bartholo craint que Rosine ne soupçonne le rôle que Bazile, son maître de musique, est censé jouer dans l'organisation de leur mariage

Scène 2 (Bartholo, Le Comte)

Le Comte est déguisé en bachelier et se fait connaître sous le nom d'Alonzo, disciple de Don Bazile enseignant la musique. Il prétend servir Bazile qui est malade et avoir en sa possession une lettre écrite de la main de Rosine au Comte Almaviva. Bartholo le croit. Il propose au médecin de délivrer des cours de musique à la place de Bazile qui a normalement à sa charge cette fonction.

Scène 3 (Le Comte)

Bartholo se sent rassuré d'avoir compris à temps qu'Alonzo n'est autre que le serviteur de Don Bazile.

Scène 4 (Le Comte, Rosine, Bartholo)

Rosine refuse de recevoir des cours de musique. Mais en reconnaissant son bien-aimé, elle pousse un cri : « Ah ! mon Dieu, monsieur... » Bartholo l'interroge sur la raison d'une telle exclamation : elle simule alors une entorse de peur que son tuteur ne reconnaisse le Comte Almaviva qui se fait passer pour Alonzo. Le Comte chuchote alors à la jeune femme que Figaro ne devrait pas tarder à venir pour les aider. Bartholo insiste pour assister au cours de musique malgré le refus de Rosine. Elle choisit de chanter un morceau de *La Précaution inutile* dans lequel les deux amants se reconnaissent à travers des paroles plus ou moins explicites : « Mais Lindor, enflammé, / Ne songe guère/ Qu'au bonheur d'être aimé/ De sa bergère. » Bartholo, qui ne se passionne guère pour cette comédie nouvelle, s'endort. Le comte en profite pour couvrir de baisers la main de Rosine mais tout deux se redressent rapidement au réveil de Bartholo. Rosine s'inquiète du retard de Figaro.

Scène 5 (Figaro, Rosine, Bartholo, Le Comte)

Bartholo, qui se met à son tour à chanter et danser, aperçoit Figaro au fond de la salle et l'invite à entrer. Figaro tente de capter toute l'attention du tuteur de façon à laisser les deux amants converser mais, sous l'œil vigilant de Bartholo, ils n'y parviennent que difficilement. Bartholo dispute Figaro : « Venez-vous purger encore, saigner, droguer, mettre sur le grabat toute ma maison ? » Pour l'éloigner du Comte et de Rosine, le barbier propose au vieux médecin de le raser. Après un premier refus, Bartholo finit par accepter à condition de se faire raser ici même dans l'appartement de la jeune femme, ce qui compromet le plan de Figaro : « On ne le tirera pas d'ici ! » Le barbier feint de vouloir chercher le matériel (bassine, eau) dans la chambre du vieux médecin. Ce dernier lui tend les clefs, mais décide d'y aller lui même après réflexion et malgré son inquiétude. Il demande toutefois au Comte qui se fait passer pour Alonzo de surveiller de près les deux jeunes gens.

Scène 6 (Figaro, Le Comte, Rosine)

Figaro demande à Rosine si la clef de la fenêtre fait partie du trousseau de clefs.

Scène 7 (Bartholo, Figaro, Le Comte, Rosine)

Bartholo revient sur ses pas : « Bon ! je ne sais ce que je fais de laisser ici ce maudit barbier. » Il tend les clefs à Figaro en lui priant de ne toucher à rien.

Scène 8 (Bartholo, Le Comte, Rosine)

Tandis que Bartholo explique à celui qu'il croit disciple de Don Bazile les raisons de sa réticence à laisser Rosine en présence de Figaro dans la même pièce : « Tout considéré, j'ai pensé qu'il était plus prudent de l'envoyer dans ma chambre que de le laisser avec elle », un fracas interrompt sa discussion. Figaro a malencontreusement ou plutôt volontairement laissé tomber la vaisselle du vieux médecin dans l'escalier. Ce dernier accourt.

Scène 9 (Le Comte, Rosine)

Le Comte profite de l'absence de Figaro pour lui annoncer qu'il monterait ce soir à sa fenêtre pour qu'ils s'entretiennent. Alors qu'il est sur le point d'expliquer à Rosine qu'il s'était vu forcé de montrer la lettre qu'elle lui avait écrite à Bartholo, l'arrivée de Figaro et du vieux tuteur coupe court à la conversation : « Quant à la lettre que j'ai reçue de vous ce matin, je me suis vu forcé... »

Scène 10 (Rosine, Bartholo, Figaro, Le Comte)

En colère contre Figaro, Bartholo constate que toute sa vaisselle est brisée. Au même moment, Figaro montre discrètement au Comte la clef de la fenêtre de Rosine.

Scène 11 (Rosine, Bartholo, Figaro, Le Comte, Don Bazile)

L'irruption de Don Bazile sème le trouble dans l'appartement. Celui-ci venu annoncer à Bartholo le déménagement du Comte, découvre que ce prétendu Alonzo qu'il ne connaît absolument pas est censé être son élève. Bazile reste stupéfait : « Le seigneur Alonzo ? [...] Qui diable est-ce Donc qu'on trompe ici ? » Le Comte lui remet une bourse dans la main et lui conseille d'aller se coucher de peur que sa fièvre n'augmente. Don Bazile, qui n'est pas malade n'y comprend absolument rien mais finit par se retirer.

Scène 12 (Rosine, Bartholo, Figaro, Le Comte)

Le barbier passe le linge au cou de Bartholo. Le Comte en profite pour annoncer tout bas à Rosine qu'il viendra ce soir, à minuit. Figaro tente de capter l'attention du tuteur qui semble méfiant : « Eh mais ! il semble que vous le fassiez exprès de vous approcher et de vous mettre devant moi pour m'empêcher de voir... » Bartholo écoute secrètement la conversation des deux jeunes amants et surprend le Comte à parler de déguisement et se met en colère. Rosine, furieuse, réplique à son tour et jure de Donner son cœur à l'homme qui parviendrai à l'arracher de cette prison dans laquelle son tuteur s'acharne à l'enfermer.

Scène 13 (Bartholo, Figaro, Le Comte)

Bartholo est furieux de subir les provocations de Figaro qui se moque explicitement du dessein du vieillard : « Oui, une jeune femme, et un grand âge, voilà ce qui trouble la tête d'un vieillard. »

Scène 14 (Bartholo)

Bartholo se sent outragé. Il demande à ce qu'on fasse venir Bazile pour qu'il sache enfin ce qui se passe.

Acte IV

Scène 1 (Bartholo, Don Bazile)

Don Bazile explique à Bartholo qu'il ne connaît guère cet Alonzo qui prétend être son élève. Une fois de plus, il propose au vieux tuteur le recours à la Calomnie : « La calomnie, docteur, la calomnie. Il faut toujours en venir là. » Bartholo décide de précipiter son mariage avec Rosine et demande à ce que le notaire arrive au plus vite mais Don Bazile lui explique que le notaire est d'abord attendu chez Figaro qui marie une de ses nièces. Bartholo sent le complot : effectivement, le barbier n'a pas de nièce. Le vieillard demande à Don Bazile de faire venir le notaire sur le champ.

Scène 2 (Rosine)

Rosine sort de sa chambre, elle s'inquiète du retard du

Comte : il est déjà minuit, et il n'est toujours pas là. Elle se précipite dans sa chambre en entendant son tuteur y entrer.

Scène 3 (Rosine, Bartholo)

Bartholo montre la lettre à Rosine qu'elle reconnaît immédiatement : « Ah ! grands dieux !... » Bartholo lui explique alors qu'il ne s'agit que d'un complot et que celui pour lequel elle s'était prise de passion n'avait pour intention que de la livrer au comte Almaviva. Il lui montre la lettre qu'elle a écrite de ses propres mains en lui annonçant qu'on l'avait informé qu'elle était dédiée au comte. Indignée du comportement de son amant, humiliée, elle revient, repentante vers Bartholo : « Je suis à vous. » Elle l'informe également du projet élaboré par le Comte qui est celui de grimper ce soir à sa fenêtre. Rosine monte chez Marceline tandis que le vieux tuteur est bien décidé à attendre de pied ferme les deux complices, le Comte et Figaro.

Scène 4 (Rosine)

Se pensant trompée par son bien-aimé, la jeune femme s'abandonne aux larmes.

Scène 5 (Le Comte, Figaro)

Enveloppés dans de grands manteaux, les deux hommes parviennent à s'introduire dans l'appartement. Le Comte, qui à l'intention de se marier avec Rosine, chez Figaro, en présence du notaire, appréhende la réaction de la jeune femme.

Scène 6 (Rosine, Le Comte, Figaro)

Il se jette aux genoux de Rosine en l'apercevant : celle-ci laisse s'échapper des larmes en s'indignant de son comportement, elle qui pourtant l'aimait tendrement. Le Comte laisse alors tomber son manteau laissant découvrir un habit magnifique. Pour la première fois, le Comte apparaît sous son véritable visage : il ne s'agit ni de Lindor, ni d'Alonzo mais du Comte Almaviva, le véritable : « Je suis le comte Almaviva, qui meurt d'amour et vous cherche en vain depuis six mois. » Cette déclaration émeut la jeune femme mais très vite Figaro constate que le retour est impossible, l'échelle n'étant plus là. Ils sont piégés. Rosine se sent coupable d'avoir douté et d'avoir prévenu son tuteur de leur venue. Le Comte jure toutefois de la protéger et promet que coûte que coûte Rosine sera sienne.

Scène 7 (Le Notaire, Don Bazile, les acteurs précédents)

L'arrivée du notaire accompagné de Bartholo précipite le mariage du Comte Almaviva. Le notaire semble perplexe : il est en possession de deux contrats de mariage. Le notaire pense qu'il s'agit alors de deux sœurs à marier portant le même nom : signora Rosine. Le Comte le prie de le marier au plus vite à Rosine et prend pour second témoin Don Bazile qui, réticent au départ, finira par accepter en échange d'une bourse : « Quand j'ai donné ma parole une fois, il faut des motifs d'un grand poids... »

Scène 8 (Bartholo, un Alcade, des Alguazils, des Valets, les acteurs précédents)

Bartholo apparaît accompagné de l'Alcade : il est furieux

et s'offusque du comportement du Comte qui selon lui se croit tout permis. Ce dernier s'en défend : « Oui, le rang doit être ici sans force ; mais ce qui en a beaucoup est la préférence que Mademoiselle vient de m'accorder sur vous, en se donnant à moi volontairement. » Bartholo, seul contre tous, reste impuissant. L'amour triomphe enfin au plus grand regret du vieux tuteur : « Quand la jeunesse et l'amour sont d'accord pour tromper un vieillard, tout ce qu'il fait pour l'empêcher peut bien s'appeler à bon droit *La Précaution inutile* », conclut Figaro.

LES RAISONS
DU SUCCÈS

Jouée pour la première fois le 23 février 1775, *Le Barbier de Séville* est d'abord un échec pour l'écrivain. Retaillée en forme de grande comédie et ramenée à quatre actes, la pièce est considérée comme le premier chef-d'œuvre de Beaumarchais.

En effet, la première présentation n'a semble t-il pas plu au public, mais, subissant la cabale et les critiques venant de toutes parts, l'écrivain revient rapidement sur sa pièce. Beaumarchais aura finalement procédé à trois remaniements de la pièce. L'affaire Goëzman n'a pas totalement desservie l'écrivain, qui par le biais de ses Mémoires contre le juge, devient un homme très populaire. Le public est impatient d'assister à la présentation de la pièce, car en effet Beaumarchais prétend qu'est elle truffée d'allusions à son procès et à ses mésaventures judiciaires, des allusions qu'il a bien entendu ajoutées puisque la rédaction de la pièce remonte à 1772. Le public est en émoi. Si le texte a connu des modifications depuis le manuscrit primitif qui n'avait pas été mis en scène suite au refus des Comédiens Italiens, la Première représentation qui est pourtant attendue - Grimm ayant dit : « Jamais, jamais première représentation n'attira plus de monde » - n'est pas une réussite. Les additions chargent le texte, en plus des scènes de farces déjà pesantes, l'auteur augmente le manuscrit d'un acte. Le public est déçu. C'est la transformation opérée en quelques jours de son manuscrit qui fait de lui un esprit brillant : il fait d'une comédie encombrée de multiples scènes inutiles qu'il a travaillé durant deux ans un véritable chef-d'œuvre en quelques jours

Beaumarchais s'inscrit dans l'air de son temps. Il s'inspire sans aucun doute de son voyage en Espagne pour créer un cadre typiquement espagnol (airs espagnols, costumes, *etc.*) et du roman picaresque qui est à cette époque encore à la mode. Aventurier, sans attache, Figaro répond en effet à certains critères du héros picaro, bien qu'il ne soit que le machiniste de la pièce. En dehors des références contemporaines sur lesquelles l'auteur a pu s'appuyer, Beaumarchais s'est également tourné vers des sources certaines et classiques telles que *L'École des Femmes* de Molière, *La Précaution Inutile* de Scarron ou encore l'opéra-comique *On ne s'avise jamais de tout* de Sedaine. Le thème du vieux tyran qui met tout en œuvre pour épouser sa pupille n'est pas neuf : Beaumarchais tâte un terrain déjà bien exploité : un vieillard présenté comme un tyran met tout en œuvre pour épouser sa pupille mais un jeune homme perturbe ce projet en séduisant la jeune femme, le vieillard se retrouve dupé. Le dénouement est heureux puisque les deux jeunes premiers se marient. C'est la victoire de la jeunesse, belle et maline sur la vieillesse, expérimentée certes mais faible et incapable de rivaliser. L'originalité de Beaumarchais réside cependant dans la construction d'un personnage, celui de Figaro, un valet de comédie qui se distingue de tous les autres valets, avec une individualité construite des mains de Beaumarchais. Non seulement, c'est un valet qui concentre l'attention par sa virtuosité, son ingéniosité, ses animations verbales et gestuelles, mais c'est en plus et surtout un personnage modelé sur les traits de Beaumarchais : poète, musicien à ses heures perdues... Il est loin d'être un valet comme un autre à qui on accorderait une place secondaire dans l'intrigue. La restauration de l'ancienne comédie présentée dans un premier temps met davantage en valeur l'originalité de la pièce qui connaît alors un franc succès.

LES THÈMES PRINCIPAUX

À première vue, l'intrigue paraît se centrer sur les thèmes du mariage, de l'amour et des femmes, intimement liés. En effet, l'auteur, à l'image de ce qu'a fait Molière dans *L'École des Femmes*, questionne l'idée d'un mariage non consenti et donc imposé à la jeune femme, en l'occurrence à Rosine dans *Le Barbier de Séville*. Alors qu'au XVIIIe siècle, le mariage entre une jeune femme et un vieillard est une pratique courante, Beaumarchais semble privilégier dans son œuvre l'harmonie dans le mariage et dans l'âge des deux personnes à marier. Rosine n'aime pas Bartholo, elle le lui dit clairement : il n'y a ni séduction ni amour sincère entre eux deux qui soit réciproque. Bon gré, mal gré, elle doit se résigner à épouser un vieillard qu'elle se répugne même à regarder. En ce sens, Beaumarchais semble plaider la cause des femmes et rejoindre le mouvement qui s'intéresse à la place des femmes dans la société du XVIIIe siècle, alors que la femme n'est presque jamais concerté pour son propre mariage et qu'elle est dénuée de ses droits : Rosine est orpheline mais majeure, pourtant elle ne dispose pas de ses biens, elle ne peut pas sortir sans autorisation, elle doit s'expliquer sur ses moindres faits et gestes. Beaumarchais semble s'en émouvoir, puisqu'il dresse le portrait d'une femme qui est dans l'impossibilité d'accéder à son autonomie et soumise au despotisme de Bartholo. Certains parlent d'un véritable plaidoyer en faveur des femmes, toutefois il n'est pas négligeable de noter que Rosine n'est pas si bien considérée dans la pièce : elle est belle, noble et rusée (elle se sert de la musique pour communiquer avec son amant) mais elle n'en demeure pas moins une simple proie à séduire. Elle tombe amoureuse du Comte Almaviva et parvient à l'épouser, mais devient-elle plus indépendante pour autant ? Après l'usure de la passion et du désir, que restera-t-il de Rosine ? En cédant au Comte Almaviva, la jeune femme s'est libérée d'un tyran pour tomber dans les bras d'un homme qui lui jurait fidélité et passion éternelle mais qui a failli à toutes ses promesses avec le temps, comme nous pouvons le constater dans *Le Mariage de Figaro*, deuxième volet de la trilogie.

Beaumarchais aborde incontestablement les thèmes des abus, des privilèges et du rapport à la justice sans qu'il ne s'agisse toutefois d'une satire sociale. Il faut avant tout souligner que l'intrigue se déroule en Espagne : il ne s'agit en réalité que d'une ruse de l'écrivain pour éviter la censure. Figaro critique la toute puissance de l'or qui façonne les statuts sociaux notamment dans l'Acte I mais il le fait avec une gaieté surprenante. Beaumarchais règle indirectement ses comptes avec la justice par le biais de Bazile, un personnage malhonnête, et corrompu par l'argent, qui rappelle par ses méthodes d'action (La Calomnie) et son comportement, le juge Goëzman avec lequel il a eu affaire. Bazile est en effet présenté comme un homme avide d'argent qui n'a que faire de son amitié pour Bartholo : il demande à Bartholo d'augmenter sa bourse pour précipiter son mariage avec Rosine, il accepte de se taire, il accepte d'être le témoin du mariage de Rosine avec Le Comte Almaviva en échange d'une somme d'argent. L'écrivain s'appuie sur ses propres expériences personnelles, son rapport avec la justice qu'il dit corrompu par l'argent et différente selon le rang du coupable considéré, son rapport au monde des lettres qu'on ressent à travers le personnage de Figaro qui s'indigne de ce qu'il nomme la République des lettres constituée d'hommes privilégiés.

Ces thèmes qui pourraient paraître sensibles pour l'époque sont abordés avec humour et gaieté par le biais de la musique qui joue un rôle majeur dans la pièce puisque le chant n'est pas seulement décoratif, il participe surtout à l'action et à la critique.

ÉTUDE DU MOUVEMENT LITTÉRAIRE

Pour bien comprendre les enjeux de la pièce, son échec puis son succès, les obstacles rencontrés et son originalité, il faut connaître le contexte historique, et la manière dont s'organisait le théâtre au XVIII siècle.

Le XVIII siècle subit principalement l'influence des Lumières et annonce le siècle de la remise en cause, de la critique et du savoir. C'est surtout le siècle de l'*Encyclopédie* des Lumières, ouvrage le plus représentatif du XVIII : cette entreprise philosophique vise à questionner et à réviser des principes considérés jusqu'ici comme fondamentaux concernant l'homme et son rapport en société en s'appuyant sur la raison. De grands penseurs tels que Diderot, Montesquieu ou encore Voltaire offrent alors des œuvres majeures en abordant parfois sous les traits de l'ironie des sujets neufs. On parle souvent du siècle du progrès, c'est en effet au XVIII siècle que se développent les inventions de tout genre et que les discussions d'idées prennent de l'importance dans les salons littéraires et mondains où l'on s'émerveille devant les esprits forts et les conversations brillantes.

Le théâtre au XVIII siècle puise encore essentiellement dans les œuvres marquantes du XVII siècle en s'inspirant de Molière, Racine ou encore Corneille. En effet, le théâtre au XVIII siècle n'est pas au centre des attentions, en dépit des chefs-d'œuvre qui émergent, les textes philosophiques et les romans suscitent davantage l'intérêt du public. Cependant, le théâtre reste un divertissement plaisant et la libération des mœurs de la Régence après la mort de Louis XIV qui condamnait le théâtre permet d'encourager le phénomène.

La tragédie connaît des transformations avec Voltaire qui connaît un plein succès avec *Zaïre* et *Mérope*. Il s'inspire du style racinien et oriente progressivement la tragédie vers une tonalité dramatique. La Comédie au XVIII siècle ne connaît pas dans un premier temps de renouveau flagrant, le comique moliéresque étant souvent imité. On distingue la comédie d'intrigue (basée sur les jeux de mots, des situations burlesques), la comédie de mœurs (qui a pour objet de souligner les mœurs de l'époque) et la comédie de caractères (mettant en scène un personnage type) : ces comédies sont encore principalement héritées du XVIIe siècle. Il s'agit encore de provoquer le rire, de divertir tout en instruisant. C'est dans la seconde moitié du XVIIIe siècle et notamment avec de grands dramaturges tels que Beaumarchais (trilogie de Figaro) et Marivaux (*Les Fausses Confidences, Le Jeu de l'Amour et du Hasard*) que le changement s'opère. On constate un glissement vers la satire sociale et politique et vers la critique des institutions dissimulée sous les traits de l'ironie. Se développent également des genres tels que le vaudeville ou l'opéra-comique (Beaumarchais présente pour la première fois *Le Barbier de Séville* sous la forme d'un opéra-comique) qui associent texte et musique.

On compte au XVIIIe siècle à Paris seulement quatre théâtres : L'Opéra, Le Théâtre des Italiens, La Comédie-Française et L'Opéra Comique. Les acteurs appartiennent à des troupes qui jouent dans des foires. Les salles sont encore relativement simples, mal éclairées, et mal organisées. Les représentations se font en soirée. Ce sont surtout les gens aisés qui assistent à des pièces de théâtre perçues comme un divertissement. Le milieu des dramaturges est quant à lui hétérogène : en effet, certains ont déjà un niveau de vie élevé. Beaumarchais est par exemple est un de ces privilégié : homme de cour, il ne craint pas la misère, contrairement à ceux qui ne vivent que du théâtre.

DANS LA MÊME COLLECTION
(par ordre alphabétique)

- **Anonyme**, *La Farce de Maître Pathelin*
- **Anouilh**, *Antigone*
- **Aragon**, *Aurélien*
- **Aragon**, *Le Paysan de Paris*
- **Austen**, *Raison et Sentiments*
- **Balzac**, *Illusions perdues*
- **Balzac**, *La Femme de trente ans*
- **Balzac**, *Le Colonel Chabert*
- **Balzac**, *Le Lys dans la vallée*
- **Balzac**, *Le Père Goriot*
- **Barbey d'Aurevilly**, *L'Ensorcelée*
- **Barbey d'Aurevilly**, *Les Diaboliques*
- **Bataille**, *Ma mère*
- **Baudelaire**, *Les Fleurs du Mal*
- **Baudelaire**, *Petits poèmes en prose*
- **Beaumarchais**, *Le Barbier de Séville*
- **Beaumarchais**, *Le Mariage de Figaro*
- **Beauvoir**, *Mémoires d'une jeune fille rangée*
- **Beckett**, *Fin de partie*
- **Brecht**, *La Noce*
- **Brecht**, *La Résistible ascension d'Arturo Ui*
- **Brecht**, *Mère Courage et ses enfants*
- **Breton**, *Nadja*
- **Brontë**, *Jane Eyre*
- **Camus**, *L'Étranger*
- **Carroll**, *Alice au pays des merveilles*
- **Céline**, *Mort à crédit*
- **Céline**, *Voyage au bout de la nuit*

- **Chateaubriand**, *Atala*
- **Chateaubriand**, *René*
- **Chrétien de Troyes**, *Perceval*
- **Cocteau**, *Les Enfants terribles*
- **Colette**, *Le Blé en herbe*
- **Corneille**, *Le Cid*
- **Crébillon fils**, *Les Égarements du cœur et de l'esprit*
- **Defoe**, *Robinson Crusoé*
- **Dickens**, *Oliver Twist*
- **Du Bellay**, *Les Regrets*
- **Dumas**, *Henri III et sa cour*
- **Duras**, *L'Amant*
- **Duras**, *La Pluie d'été*
- **Duras**, *Un barrage contre le Pacifique*
- **Flaubert**, *Bouvard et Pécuchet*
- **Flaubert**, *L'Éducation sentimentale*
- **Flaubert**, *Madame Bovary*
- **Flaubert**, *Salammbô*
- **Gary**, *La Vie devant soi*
- **Giraudoux**, *Électre*
- **Giraudoux**, *La Guerre de Troie n'aura pas lieu*
- **Gogol**, *Le Mariage*
- **Homère**, *L'Odyssée*
- **Hugo**, *Hernani*
- **Hugo**, *Les Misérables*
- **Hugo**, *Notre-Dame de Paris*
- **Huxley**, *Le Meilleur des mondes*
- **Jaccottet**, *À la lumière d'hiver*
- **James**, *Une vie à Londres*
- **Jarry**, *Ubu roi*
- **Kafka**, *La Métamorphose*
- **Kerouac**, *Sur la route*
- **Kessel**, *Le Lion*

- **La Fayette**, *La Princesse de Clèves*
- **Le Clézio**, *Mondo et autres histoires*
- **Levi**, *Si c'est un homme*
- **London**, *Croc-Blanc*
- **London**, *L'Appel de la forêt*
- **Maupassant**, *Boule de suif*
- **Maupassant**, *Le Horla*
- **Maupassant**, *Une vie*
- **Molière**, *Amphitryon*
- **Molière**, *Dom Juan*
- **Molière**, *L'Avare*
- **Molière**, *Le Malade imaginaire*
- **Molière**, *Le Tartuffe*
- **Molière**, *Les Fourberies de Scapin*
- **Musset**, *Les Caprices de Marianne*
- **Musset**, *Lorenzaccio*
- **Musset**, *On ne badine pas avec l'amour*
- **Perec**, *La Disparition*
- **Perec**, *Les Choses*
- **Perrault**, *Contes*
- **Prévert**, *Paroles*
- **Prévost**, *Manon Lescaut*
- **Proust**, *À l'ombre des jeunes filles en fleurs*
- **Proust**, *Albertine disparue*
- **Proust**, *Du côté de chez Swann*
- **Proust**, *Le Côté de Guermantes*
- **Proust**, *Le Temps retrouvé*
- **Proust**, *Sodome et Gomorrhe*
- **Proust**, *Un amour de Swann*
- **Queneau**, *Exercices de style*
- **Quignard**, *Tous les matins du monde*
- **Rabelais**, *Gargantua*
- **Rabelais**, *Pantagruel*

- **Racine**, *Andromaque*
- **Racine**, *Bérénice*
- **Racine**, *Britannicus*
- **Racine**, *Phèdre*
- **Renard**, *Poil de carotte*
- **Rimbaud**, *Une saison en enfer*
- **Sagan**, *Bonjour tristesse*
- **Saint-Exupéry**, *Le Petit Prince*
- **Sarraute**, *Enfance*
- **Sarraute**, *Tropismes*
- **Sartre**, *Huis clos*
- **Sartre**, *La Nausée*
- **Senghor**, *La Belle histoire de Leuk-le-lièvre*
- **Shakespeare**, *Roméo et Juliette*
- **Steinbeck**, *Les Raisins de la colère*
- **Stendhal**, *La Chartreuse de Parme*
- **Stendhal**, *Le Rouge et le Noir*
- **Verlaine**, *Romances sans paroles*
- **Verne**, *Une ville flottante*
- **Verne**, *Voyage au centre de la Terre*
- **Vian**, *L'Arrache-cœur*
- **Vian**, *L'Écume des jours*
- **Voltaire**, *Candide*
- **Voltaire**, *Micromégas*
- **Zola**, *Au Bonheur des Dames*
- **Zola**, *Germinal*
- **Zola**, *L'Argent*
- **Zola**, *L'Assommoir*
- **Zola**, *La Bête humaine*
- **Zola**, *Nana*
- **Zola**, *Pot-Bouille*